កូនដំរីដែលចង់ចេះ ចង់ដឹង

ដោយ Judith Baker

គូររូបដោយ Wiehan de Jager

Library For All Ltd.

កូនជំរីៃលលចងចេះចងដឹង

កំណែនេះត្រូវបានបោះពុម្ពផ្សាយនៅ 2022

បានបោះពុម្ពផ្សាយដោយ Library For All Ltd
អ៊ីមែល៖ info@libraryforall.org
URL: libraryforall.org

The Asia Foundation

រូបភាពដើមដោយ Wiehan de Jager

កូនជំរីៃលលចងចេះចងដឹង

Baker, Judith
ISBN: 978-1-922835-97-0
SKU02775

កូនដំរីដែលចង់ចេះ
ចង់ដឹង

គ្រប់គ្នាសុទ្ធតែដឹងថា
សត្វដំរីមានប្រមុះវែងណាស់។

ប៉ុន្តែគាំងពីយូរលង់ណាស់មកហើយ ដំរីមានច្រមុះខ្លី ហើយធំមើលទៅ ប្រៀបដូចជាស្បែកជើងមួយនៅ ចំកណ្ដាលមុខអ៊ីចឹង។

ថ្ងៃមួយ កូនដំរិមួយបានកើត។
វាធ្លល់ពីអ្វីៗគ្រប់យ៉ាង។
វាសួរសំណួរទៅសត្វទាំងឡាយ។

វាធ្លាប់ពីសត្វកវែង។ វាសួរៈ
"ហេតុអ្វីបានជាបងមានកវែងម្ល៉េះ?"

វាធ្លាប់ពឹសគូរមាស។ "ហេតុអ្វីបានជាស្នែង
បងមានចុងស្រួចម្ល៉េះ?"

វាធ្លាប់ពិសគ្ធដំរីទឹក។ "ហេតុអ្វីបានជាបង
មានភ្នែកពណ៌ក្រហម?"

ហេីយវាធ្លល់ពីសត្វក្រពេីខ្លាំងជាងគេ។ វាសួរៈ "តេីក្រពេីសុ៊ីអ្វីសម្រាប់អាហារពេល ល្ងាច?"

ម្ដាយដំរីបានហាមកូនថា
"កុំស្ងួរសំណួរបែបនេះទៀត!"។
ហើយគាត់ក៏ដើរចេញទាំងចងចិញ្ចើម។

ភ្លាមនោះក្អែកមួយបានហោះចុះសំដៅ
កូនដំរីឪចស្រែកថា "គោះទៅនេ្លជាមួយខ្ញុំ។
នៅទីនោះឯងនឹងឃើងឃើញថាសត្វក្រពើស៊ីអ្វី
សម្រាប់អាហារពេលល្ងាចហើយ។"

ដូចនេះកូនដំរីក៏បានដើរតាម
ក្អែកទៅទន្លេ។

កូនដំរីបានវែកដើមត្រែងរួចឈររនៅមាត់
ទឹក។ វាសម្លឹងមើលទៅក្នុងទឹកហើយសួរថា
"តើក្រពើនៅឯណា?"។

ក្រពើដែលបន្លំខ្លួនជាដុំឈូនៅក្នុងទន្លេ
និយាយទៅកាន់កូនដំរីថា "សួស្ដី"។
កូនដំរីឆ្លើយតបទៅវិញដូចគ្នាថា
"សួស្ដីតើបងអាចប្រាប់ខ្ញុំបានទេថា
ក្រពើស៊ីអ្វីជាអាហារពេលល្ងាច?"។

ក្រពើដែលបន្លំខ្លួនជាដុំថ្មនោះនិយាយ
ថា "ឱនចុះមក ខ្ញុំនឹងប្រាប់ឯង
ហើយឱនឱ្យទាបមក"។
ញូដូឆ្លើះកូនដំរីក៏ឱនចុះ។

ភ្លាមនោះ "គ្រឹប! ច្រមុះកូនដំរីត្រូវបាន
ក្រពើខាំជាប់។ សត្វក្ផ្ផកស្រែក៖ "ក្រពើនឹង
ស៊ីឯងសម្រាប់អាហារពេលល្ងាច"។ ថារួច
ក្ផ្ផកហើរទៅបាត់។

កូនដំរីអង្គុយចុះ ហើយខំទាញ។
វាទាញហើយទាញទៀត ប៉ុន្តែក្រពើមិនព្រម
លែងច្រមុះរបស់ដំរីឡើយ។

ច្រមុះរបស់កូនដំរីយារវែង...
វែង...កាន់តែវែងទៅៗ។
ក្រោយមកវាក៏ដួលផ្ងាកមកក្រោយ
ពួសរតែ "ភ្លុក!"។

ក្របពើកពន្លិចខ្លួនចូលទៅក្នុងទឹករិញទៅ។ វាខឹងណាស់ពេលបាត់ចំណីពេលល្ងាចរបស់ វា។

កូនដំរីក៏សម្លឹងមើលច្រមុះរបស់ខ្លួន។ ច្រមុះវាយារវែងយ៉ាងខ្លាំងស៊ីងតែមើលមិន យើញចុង។

ច្រមុះរបស់វាវែង រហូតអាចបេះផ្លែឈើពី
មែកឈើខ្ពស់ៗបាន។

ច្រមុះវាវែងណាស់ ដែលអាចខ្ចៀវាបាញ់ទឹក
លាងសម្អាតខ្លួនបាន។ ចាប់ពីថ្ងៃនោះមក
ដំរីទាំងអស់មានច្រមុះវែងដ៏មាន
ប្រយោជន៍ ដែលគេហៅថា "ប្រមោយ"។

អ្នកអាចប្រើសំណួរទាំងនេះដើម្បីនិយាយ អំពីសៀវភៅនេះជាមួយគ្រួសារ មិត្តភ័ក្តិ និងគ្រូរបស់អ្នក។

តើអ្នកបានរៀនអ្វីខ្លះពីសៀវភៅនេះ?

ពិពណ៌នាសៀវភៅនេះក្នុងមួយពាក្យ។ កំប្លែង? គួរឱ្យខ្លាច? ចម្រុះពណ៌? គួរឱ្យចាប់អារម្មណ៍?

តើសៀវភៅនេះធ្វើឱ្យអ្នកមាន អារម្មណ៍យ៉ាងណាពេលអានចប់?

តើមួយណាជាផ្នែកដែលអ្នកចូលចិត្ត ជាងគេនៃសៀវភៅនេះ?

ទាញយកកម្មវិធីអ្នកអានរបស់យើង។
getlibraryforall.org

អំពីអ្នករួមចំណែក

បណ្ណាល័យសម្រាប់ទាំងអស់គ្នា ធ្វើការជាមួយអ្នកនិពន្ធ និងអ្នកគំនូរមកពីជុំវិញពិភពលោក ដើម្បីបង្កើតរឿងប្លែកៗ ពាក់ព័ន្ធ និងគុណភាពខ្ពស់សម្រាប់អ្នកអានវ័យក្មេងៗ។

សូមចូលមើលគេហទំព័រ libraryforall.org សម្រាប់ព័ត៌មាន ចុងក្រោយបំផុតអំពីព្រឹត្តិការណ៍សិក្ខាសាលារបស់អ្នកនិពន្ធ គោលការណ៍ណែនាំការដាក់ស្នើ និងឱកាសថ្មីប្រឌិតផ្សេងៗទៀត

តើអ្នកចូលចិត្តសៀវភៅនេះទេ?

យើងមានរឿងដើមដែលរៀបចំដោយអ្នកជំនាញរាប់រយ រឿងទៀតដើម្បីជ្រើសរើស។

យើងធ្វើការក្នុងភាពជាដៃគូជាមួយអ្នកនិពន្ធ អ្នកអប់រំ ទីប្រឹក្សាវប្បធម៌ រដ្ឋាភិបាល និង NGOs ដើម្បីនាំមកនូវ សេចក្ដីរីករាយនៃការអានដល់កុមារគ្រប់ទីកន្លែង។

តើអ្នកដឹងទេ?

យើងបង្កើតផលប៉ះពាល់ជាសាកលក្នុងវិស័យទាំងនេះ ដោយប្រកាន់យកគោលដៅអភិវឌ្ឍន៍ប្រកបដោយចីរភាព របស់អង្គការសហប្រជាជាតិ។

library forall.org